JN409101

諷詩調詩集 · 38

풍諷계戒집集 · 5

박진환 제56시집

지성 · 감성의 메타언어
조선문학시인선 · 374

諷詩調詩集 · 38

풍諷계戒집集 · 5

조선문학사

■ 책머리에

풍시조(諷詩調)는 기발한 착상을 중시하는 컨시트의 미학이다.

2014년 初夏

박 진 환

박진환 제56시집 / 諷詩調詩集 · 38

풍諷계戒집集 · 5

차례

정치 현실이어서

국정원 사건, 야는 확대지양, 여는 축소지향
절장보단의 지혜가 없음이야, 이기만 앞세우는
허긴 독선기신의 풍토병이 이 땅의 정치 현실이어서

※ 절장보단(絶長補短) : 긴 것은 끊고, 짧은 것은 더 보태 알맞게 맞춘다 함이니 중용지도를 이르는 말.

※ 독선기신(獨善其身) : 남이야 어찌되든 자기만 잘되면 그만이라는 뜻.

떨어지지 않을지

미 차세대 구축함 태평양에 배치코 중국 견제
어디선가 들어봤던 불바다란 말 공갈 아닌 참말 될 수도
참말은 좋은데 그 불똥 피차의 발등에 떨어지지 않을지

명 해법 아니던가

국정원 댓글사건, 야는 대통령 사과를, 여는 대선패배 한풀이라고
일석이조의 해법 하나 있는데
대통령 사과하면 야 체면 살리고 여 주장 풀어주니 명 해법 아니던가

더 덕스러워서

대통령 패션 두고 옷만 번지르르 갈아입지 말고 정치도 잘하라고
비아냥인지, 가십인지, 둘 다인지? 야당 입에 오르데
허긴 화려 찬란함보다는 소박 검소가 더 덕스러워서

시대 흐름의 대세거든

윤석렬 국정원 수사팀장 항명 두고 검찰공동체 운운이던데
법리는 잘 모르지만 순 구식, 신식은
포스트모던시대, 구조고 조직이고 해체가 시대 흐름의 대세거든

고해거든

세상은 어수선하고, 살림은 남루 못 면하고, 행색은 꾀죄죄하고
하고 하고 하고 거꾸로 하면 고하 고하 고하
요즘 세상이 그래, 苦河가 苦海거든

명언이 아니던가

TV 켰다 하면 단골 메뉴 범죄 뉴스
옛분들 말씀에 창름실이영오공이란 말 있던데 명언이었어
옛것이 오늘에도 딱 들어맞으니 신식보다 명언이 아니겠는가

※ 창름실이영오공(倉廩實而囹圄空) : 광 속이 꽉꽉 차 있으면 감옥이 소용없다는 말로서 경제적 풍요는 범죄를 줄여 감옥이 필요 없게 된다는 뜻.

우울증 환자이고 싶다

주변에 우울증 환자가 많다, 어찌 주변뿐이겠는가
소크라테스·플라톤 같은 옛 위인도 말년엔 우울증 환자였다니
소인배는 앓고 싶어도 앓을 수 없는 병, 나도 우울증 환자이고 싶다

귀함 깨달아

비록 공동체의 위계질서를 위해 풍미한다 해도
참과 의를 행하기 위해선 불가피한 항명 필요할 수도
검찰의 갈등 파동 지켜보며 악목지음불가서식의 귀함 깨달아

※ 악목지음불가서식(惡木之陰不可暫息) : 나쁜 나무 그늘 밑에서 쉬게 되면 몸이 더러워지므로 쉬지 않는다는 말로 청렴결백한 지조를 이르는 周書에 나오는 말.

오로라 아니던가

오로라면? 집을 뛰쳐나온 다섯 로라가 아닌가
그렇다고 입센의 집 부인도, 집시도, 유랑극단 멤버도 아닌
가창력 짱인 다섯 미녀 가수 멤버가 오로라 아니던가

정작 미치는 건 국민

국정원 댓글, 검찰 항명, 군 사이버사령부 등 현 정치난국
풀어야할 대승적 차원의 지혜가 필요한데, 대승은커녕
좁은 안목 못벗어난 소승차원에도 못미치니 정작 미치기는 국민 몫

인지일자중묘지문

잦은 미 총기 살인사건, 이번엔 십대 초중생까지
참을 인자 셋이면 살인도 피한다는 옛분들 귀한 말씀
인지일자중묘지문이란 말과 함께 우리 덕성 배워갔으면

※ 인지일자중묘지문(認之一字衆妙之門) : 참을 인자 하나가 세상의 어려운 일을 해결하는 좋은 방도이니 무엇이나 참으라는 말.

대인다움인데

문제인 전 대통령 출마자 이번 선거 불공정 선거였다고 피력
여 반응 대선불복 본심 드러냈다고 이구동성
부정선거개입 사실로 드러났으면 승복할줄도 알아야; 그게 대인다움인데

중용 배웠으면

불공정선거였다고 야는 야단법석, 여는 여론 잠재우려 민생 앞세워

진실은 외면하고 서로 비방만 일삼다니

얼음같이 찬 이성과 불같이 뜨거운 감정 조율용 중용 배웠으면

허공에 뜬 메아리여

주택취득세 영구인하 발표한지 오래인데 실행기미 오리무중
낙하기미 안 보이는 안개에 시계 제로지대인 주택정책
쨍하고 해 뜰 날은 3류 유행가 가사, 불러봤자 허공에 뜬 메아리여

※ 낙하(落霞) : 사라져가는 안개.

그런가?

물러섬은 한발짝 나아가기 위함이요 남을 이롭게 함은
스스로를 이롭게 함이란 옛분들의 귀한 말씀 있던데
웃긴다고? 요새 그런 쓸개 빠진 놈이 어디 있냐고? 그런가?

꼴불견에 꼴값만

여야 정치권 전매특허품 폭로·비방·맞불작전 총동원 해서일까? 한편에선 외수외미에 전전긍긍하고 다른 한편에선 토진간담에 목말라하니 특허싸움도 아니고 꼴불견에 꼴값만

※ 외수외미(畏首畏尾) : 머리와 꼬리를 두려워한다 함이니 못된 짓을 하고나서 누설될까 두려워함을 이른 말.

※ 토진간담(吐盡肝膽) : 속마음에 있는 생각을 다 털어놓는다는 뜻으로 참된 실정을 숨기지 않고 말한다는 뜻.

샌드위치맨

한국 노인복지 세계 97개 국가중 낙제점인 하위권 67위
허나 실망말 것이 최고도 있거든, OECD국 중 노인 자살률 최고
최고 · 최하 사이에 낀 샌드위치 광고판 등에 한 낙제인간 한국노인

누구 좋으라고 국감 안해

국감 비판, 무용론까지 제기되던데
아니거든, 잘하건 못하건 그나마 없애버리면
온통 캄캄한 먹통 세상, 누구 좋으라고 국감 안해

흉조 못 면하거든

여는 대선불복, 야는 헌법불복 맞불작전이던데
불복 거꾸로면 복불, 복을 누리는 분수 복불복은 아닐 듯
둘다 복불습길 점괘 길조 아닌 흉조 못 면하거든

※ 복불습길(卜不襲吉) : 한번 길조를 얻으면 다시 더 점을 칠 필요가 없다는 말.

돈독 치료할 약 먼저 개발해야 할듯

굴지의 제약회사마다 거액의 리베이트 관례인 모양
거액만큼 약효 줄였거나 약값 올렸을 것은 명약관화
약에 독바른 것과 다를게 없는 돈독 치료할 약 먼저 개발해야 할듯

몰랐나보지

한국여성 세계 성평등 순위 111위로 꼴찌 수준
통계가 잘못됐거나 작대기 하나가 잘못 추가된 게야
코리아는 지금 창조가 대세인 여성상위시대란 걸 몰랐나보지

정치계절 단골손님인 걸요

나라안은 온통 부글부글 · 시끌시끌 · 티격태격으로 폭풍전야
이참 나들이로 나라밖 바람 좀 쐬고 오시지요
까짓 태풍 언제는 안 안고 살았습니까, 정치계절 단골손님인 걸요

우리에게도 있는 전매특허품이여

미 세계 35개국 지도자 전화 도·감청 해놓고도 침묵
아무래도 침묵이 전매특허품인 모양인데 깐 것
미국에만 있나, 우리에게도 있는 전매특허품이여

패싸움만 커져서

국회의원 선거구 조정, 의원정수 늘리자는 의견이던데
정작 국민들은 오히려 줄였으면 한다는 시큰둥한 반응
이유인즉 맨날 싸움하는 국회, 늘려주면 패싸움만 커져서

풀릴 기미 없어서

타는 잎으로 물든 눈요기 1번지 산은 목하 선경

속타는 불 못끄는 정쟁 1번지 국회는 목하 연옥

가슴들은 타는데 꽁꽁 얼어붙은 냉기류는 풀릴 기미 없어서

의원수 늘리자고?

얽히고설키고 꼬이고 헝클어진 정쟁, 해법은 없을까?
묘수 없는 여·야에, 구경만 하고 있는 푸른집
국민들 입에선 비아냥 일성, "저러고도 의원수 늘리자고?"

우리 처지와 같네

아베 원자력 오염수 안전 발언 국민 84%가 불신
업친데 겹친다고 인기도 또한 60%대 겨우 턱걸이
내려야할 건 오르고 올라야할 건 내리니 우리 처지와 같네

귀머거리 못 면했다니

미국 도·감청 정보정치 반대하며 미국인들 항의 데모
깐 것 도청쯤 다반사인 코리아의 도청 청각 성능은 120%
헌데도 도·감청 당한지엔 까맣게 귀머거리 못 면했다니

혀가 둘이다

정의니, 정도니, 양심이니 하는 말 정치에선 방언이다
정치에선 수단·방법·거짓이 주어다
용도에 따라 방언도 되고 주어도 되는 정치언어엔 혀가 둘이다

이 때문이다

애국도 애족도 정치 목적에 따라선 색깔을 달리한다
피가 되는 언어도 있고 물이 되는 언어도 있다
피와 물을 섞어 희석시키는 발효술, 정치의 마약기는 이 때문이다

구겨진 표정만 담겨 있다

정치의 역사는 정쟁의 역사
용병술에 능한, 병법 아닌 순수의 달인들이 장식하는 페이지엔
국민의 얼굴은 없고 달인들의 구겨진 표정만 담겨 있다

비로소 정치가 보인다

지배자는 속이고 피지배자는 속는, 속고 속이는 것이 정치

속았다는 걸 알 무렵쯤에야 속임수의 진실을 알게 된

정치가 진실게임이 아니란 걸 알면 비로소 정치가 보인다

두 모습도 보인다

속아보지 않고는 진과 허를 알 수 없다
속여본 자만이 허와 진을 알고 있다
허로써 진을, 진으로써 허를 볼 수 있을 때 비로소 두 모습도 보인다

두 의문부

진실이란 무엇인가? 무엇이 진실인가?
진실을 사랑할 때만이 찍을 수 있는 의문부
허위를 미워할 때만이 각각 찍을 수 있는 두 의문부

답보다 귀하다

한번도 의문부를 찍어보지 못했다면 행일까, 불행일까
행이어도 그만, 불행이어도 그만이지만 의문부 하나
풀 수 없음이 답이 되는 의문부는 답보다 귀하다

남보다 앞서가고

미 도·감청 비난에 나라마다 다 그런다고?
미국이 언제부터 남따라 했었나?
못된 것은 뒤따라 하고, 앞세운 패권은 남보다 앞서가고

얼굴 붉혀서

미 도·감청 총기난사 살인, 터졌다 하면 얼굴 붉힐 부끄러움
허긴 부끄러워할 줄 알아야 사람인데
한국은 사람은 얼굴 붉힐 줄 모르는데 산들만 울긋불긋 얼굴 붉혀서

엇박자냐? 삼박자냐?

언론은 감사원장 · 검찰청장 인사두고 공약도 탕평책도 실종됐다 비판

정부는 대통령을 박비어천가쯤 찬양으로 일관, 야는 총리비하

언론 · 정부 · 야당 각기 따로따로 따따로, 엇박자냐? 삼박자냐?

그 꼴을 어찌 봐

미 세계 35개국 정상전화 도·감청 드디어 시인하고 말꼬리 잘라
꼬리에 이어 즉각 중단·사과 이어져야 하지 않는가
헌데도 자른 꼬리, 내렸으면 좋으련만 치켜들면 그 꼴을 어찌 봐

하늘만은 안 닮았으면

G2 부럽지, 부럽고말고, 그렇긴 하나 닮을 걸 닮아야지
하늘까지 닮으면 어떡해, 북경 캄캄한 하늘 서울이 흉내해서
허긴 동명상조란 말 있긴 하데만 하늘만은 안 닮았으면

※ 동명상조(同明相照) : 서로 비슷비슷한 무리들이 한데 어울린다는 뜻.

침묵이어서

논객들 이구동성, 대통령이 꼬인 정국 풀어야 한다고
총리담화가 가당키나 하냐고 언성 높이던데
높인 언성과는 달리 정작 대통령은 침묵일관이어서

금이어도 싫어

말할 때를 아는 사람은 침묵할 때를 안다는 아르키메데스의 말
어화당식으로 풀면 침묵할 때를 안 사람은 말할 때도 안다는 식
헌데 침묵할 때는 알고 말할 때를 모르니 금이어도 싫어

대화는 금(金)이거든

금이면 뭘 하나, 금설폐구로 함구하면 동취만 풍길 걸
말해야 할 때 하지 않아 혀 굳으면 돌만도 못하거든
세상 바뀌어 침묵은 禁, 대화는 金이거든

피해서는 안 되거든

싸움판이 튕기는 흙탕물 안 묻히겠다
선비나 포의서생은 응당 그래야 마땅
헌데 나랏님은 아니거든, 흙탕물 뒤집어써도 피해선 안 되거든

짐승들이 워낙 많아서

멧돼지 도심출몰 횟수 3년 전에 비해 30배 증가
저 무지한 짐승들이 어찌 도심을 밀림의 숲으로 알았을까
허긴 회색 빌딩숲에 걸어 다니는 짐승들이 워낙 많아서

획 하나 차이, 같은 것이어서

하루가 멀다 하고 빈발하는 미 총격사건에
미 국민들 방아쇠 잡아당길 때마다 이어지는 충격에 충격 또 충격
허긴 총격과 충격이 획 하나 차이, 같은 것이어서

목하 세계는 쾅쾅쾅

한국 여당 보선에 이겼다고 큰소리 쾅쾅
미국에선 연쇄 총기사건으로 총소리 쾅쾅
미 도·감청에 흥분한 각국 정상 책상 치며 목하 세계는 쾅쾅쾅

누수가 누수 되거든

세계를 움직이는 인물 해마다 1위자리 오바마 러 푸틴에 내줘
세계 1위는 물론이고 자국에서도 인기 하락 아닌 추락 차원
비록 고옥건령의 권세라도 정권말기엔 누수가 누수 되거든

※ 고옥건령(高屋建鈴) : 높은 지붕에 물독을 올려놓고 그것을 기울여 쏟음과 같이 세력이 왕성함을 이름.

※ 누수(淚水) : 눈물.

남의 일 같지 않아서

오바마 철옹성일 것 같았던 세계정상 푸틴에 내줘
권불십년이란 말 달리 나왔겠나
옛분들 말씀 그르지 않느니, 남의 일 같지 않아서

※ 권불십년(權不十年) : 아무리 당당한 권세라 할지라도 10년을 가지 못한다는 말.

허자 못 면하는 인생인 것을

법구경 경구인즉 존재의 현상은 다 허무하다 했던가?
이를 읊어 이백은 부생약몽이라 했던가? 허허허
아무리 고고자허 목에 힘줄 세워도 허자 못면하는 인생인 것을

※ 부생약몽(浮生若夢) : 인생이란 한갓 허무한 꿈과 같다는 말.

※ 고고자허(孤高自許) : 자기만이 고결하다고 자부함.

정도 못지않거니

선거부정 사실이면 단호조처는 기본이자 원칙이나
원칙만이 정도는 아니지, 덕치도 원칙 못지않는 정도거든
부덕 깨닫고 덕치 일깨움도 정도 못지않거니

역 세일즈여서

앉아서 들어오길 기다림보다야 나가서 취해오는 것이 현대적
달리 세일즈라 했겠나, 판촉보다 나은 수단이 없어서지
당연하고 적극적인 세일즈, 허나 실속없는 나들이는 역 세일즈여서

MB일만 같지가 않아서

세일즈였건, 비즈니스였건, 국무였건 국빈이었건 잦은 외유
바깥나들이 국제적인 건 좋으나 MB처럼 지구 몇바퀴 돌았어도
지척인 평양은 못 갔거든, MB일만 같지가 않아서

침묵은 金 아닌 禁인데

잦은 외국 나들이로 연발하는 땡큐 베리 마치도 좋지만
국내에서도 한마디 아이엠 쏘리, 천금같은 귀한 말인데
끝내 들을 수 없는 한마디 귀한 말, 침묵은 金 아닌 禁인데

한 혈통 아닌가

추호불범과 호추불두는 엇비슷한 이복형제
추호와 호추, 불범과 불두가 다르면서 같은 잇대인 핏줄
추호불범이면 정신, 호추불두면 육체가 건강함이니 한 혈통 아닌가

※ 추호불범(秋毫不犯) : 몹시 청렴하여 남의 것을 조금도 건드리지 않음을 이르는 말.

※ 호추불두(戶樞不蠹) : 여닫는 문지도리는 좀이 먹지 않는다는 뜻으로 늘 운동하면 건강하다는 말.

추비추비 내린다고

뭣이그리 추접하고 비겁해 가을비 추비추비 내리는가
가을비니까 가을추 비우 추비추비 내리는 거지, 아냐
세상 돌아가는 꼴 추접하고 비겁하다고 추비추비 내리는 거야

※ 추비(醜卑) : 추접하고 비겁함.

삶 · 1

위정자들은 政자표 가방 하나로 먹고 살고
재력가들은 經자표 가방 하나로 부 즐기며 살고
가방 없는 글쟁이는 諷戒集 하나 벗해 諷자놀이 즐기며 살고

삶 · 2

축구선수는 무릎 성한 두 발로 공 하나 굴리며 먹고 살고
야구선수는 휘두른 실한 방망이 하나로 먹고 살고
점쟁이는 낡은 주역책 한 권으로 먹고 살고

삶 · 3

도둑놈은 야음 틈타 복면 하나로 먹고 살고
기둥서방놈은 실한 그것 하나로 먹고 살고
밤여자는 벗은 아랫도리 하나로 먹고 살고

삶 · 4

장사치는 손해보고 판다는 거짓말로 먹고 살고
좌판벌인 길표장사는 세금 안내고 먹고 살고
사채업자는 돈 놓고 돈 불려 이자로 먹고 살고

삶 · 5

선생님은 혀로 먹고 살고
거렁뱅이는 빈손으로 먹고 살고
백수는 게으름으로 먹고 살고

각자도생이 이러한 것을

살기 위해 살고, 죽지 못해 살고
살기 위해 먹고, 먹기 위해 살고
각자도생이 이러한 것을

※ 각자도생(各自圖生) : 제마다 도모하는 삶.

미국에는 있었네

미 스노든, 양심이냐? 국익이냐? 정의냐? 굴복이냐?
마지막 선택은 양심 · 정의
코리아에 없는 것, 역시 미국에는 있었네

통일대로

박대통령, 필요하다면 북 김정은 만나겠다고?
거꾸로 풀면 필요 없으면 안 만난다는 이치쯤
이치대로라면 필요에 따라 뚫렸다 막혔다 하는 것이 통일대로

더 재미있을 수밖에

꼬인 정국 풀어보자고 모인 논객들 담론, 듣고 있으면 재미있어
서로 다른 해법, 그것도 논조가 거꾸로 조롱이 되기도 하거든
허니 코미디보다 담론이 더 재미있을 수밖에

정치청문회

국회청문회로 시끌벅적, 떠들썩, 法釋법석 야단들이던데
지켜보면 재미있던데 그보다 더 재미있는 것도 있어
청문회의 청문회, 매스컴 스타 논객들이 벌이는 정치청문회

조건들 달고 사는 걸

원칙은 불변이나 불변을 지키기 위해 부칙들을 달고 있다
법도 이와 같아서 지키기 위해 수많은 부수조항들을 달고 있다
인생이라고 다르랴, 삶의 필수인 조건들 달고 사는 걸

최악의 결렬인지

무조건이란 조건에 우선시키는 편법, 조건에 앞서는 차선
우선과 차선의 손익계산 맞아 떨어지면 최선
헌데 6자회담, 남북·여야회담은 최악의 조건에 최악의 결렬인지

쌈박질인데

무조건 만나자는 만나서 조건을 논하자는 조건을 위한 선행
하여 선행이란 조건 없인 성립불가
불가건, 선행이건 만났다 하면 조건에 걸려 쌈박질인데

감탄사 찍을까

조태용 6자회담 한국 수석대표 주인의식 강조
주인! 참 오랜만에 들어보는 반갑고 그리웠던 주어
그간 얼마나 하인노릇만 했으면 주인이란 말에 감탄사 찍을까

묵은 한도 가시는 것을

이놈도 넘보고, 저놈도 넘보며 입맛 다신 코리아
취지무금 신세 면하려 뿌리 기둥삼아 지켜온 한반도
주인이라 했던가, 그리웠던 그말 들으니 묵은 한도 가시는 것을

※ 취지무금(取之無禁) : 임자 없는 물건은 마음껏 취해도 말릴 사람이 없다는 뜻.

가난이 설움덩이어서

저소득층보다 고소득층의 수명이 10년 더 연장된다고?
거꾸로 풀면 고소득층보다 저소득층의 수명이 10년 더 단축된다는 이치
삶도 서러운데 죽음까지 서럽다니, 허긴 가난이 설움덩이어서

개뼉다귀 취급

미, 한국 미대사관, 미군기지 이용, 도·감청 핵심국으로 활용
그래도 우방이고, 혈맹이고, 동반자란 말 번지르 사용
미국의 방식이 그래, 자국이익 위해선 지천사어쯤 개뼉다귀 취급

※ 지천사어(指天射魚) : 하늘을 가리키고 물고기를 쏜다함이니 무엇을 할 때 그것에 합당한 방법으로써 하지 않으면 안 된다는 말.

어디야

노인빈곤층 OECD국가 중 최고위 변할 기미 전무
상무도 아니고 전무이긴 허나, 최고면 사장이어야지
시장보단 낮지만 전무면 어디야

일언이위지일언이위부지

박대통령 방미땐 영어, 방중땐 중국어, 방불땐 불어 구사
말 잘하면 천냥빚도 갚는다는데 면채용 아니니 됐고
다만 한가지, 일언이위지일언이위부지란 말도 귀한 말이어서

※ 일언이위지일언이위부지(一言以爲知一言以爲不知) : 단 한마디의 말로써 知者도 되고 무식자도 될 수 있다는 뜻으로 언어는 매우 신중히 하여야 함을 이르는 論語에 나오는 말.

선수여서

통합진보당 해체두고 논객들 견해 분분
해체사유 재판중에 결과불문 해체선수라니, 날치기선수도 아니고
옛날의 選授는 인재골라 벼슬자리 준 선수, 요즘은 금배지도 떼는 선수

※ 선수(選授) : 인재를 골라 뽑아서 벼슬자리를 줌.

총이 아니던가

하루가 멀다는 구식, 빼놓지 않고 날마다 쏴대야 신식
허긴, 총으로 개척하고, 총으로 지키니 날마다 총질할밖에
패권주의 전매특허품이 총 아니던가

법풍톤 걸

통진당 해체와 함께 소속의원 의원직 상실근거 법엔 없다던데
없는 법 놓고 법 따지는 해프닝으로 法釋법석
언젠 법으로 했나, 법 없이도 할 수 있는 법이 이 땅의 법풍톤걸

무슨 말인줄 알아?

가을비가 왜 이리 잦을까? 들어봐 내리면서 구시렁대는 소리 가을비여서 추비라고 할까? 세상 추하고 비겁하다고 추비라 할까? 뭐라하든 추비 거꾸로 돌려봐, 비추비추, 재밋잖아 , 무슨 말인줄 알아?

진통이기에

태어나느라 앓는 진통이 아니라 없애버리기 위한 진통
둘다 아픔이 크겠네만 한쪽은 陣痛, 한쪽은 鎭痛이어서
무슨 말을 혼자 지껄이는지? 통진당 통진 거꾸로 하면 진통이기에

정강이 문제라니

통진당 해산, 독 히틀러당을 비롯해 세계 네 번째라고
불행하고 유감스러운 일, 시대가 바뀌었는지, 법이 바뀌었는지
대통령후보 내놨을 때도 탈이 없었는데 이제사 정강이 문제라니

웃자라고 성해서

겸양은 가뭄에 콩나기, 건방은 우후죽순
덕은 말라비틀어진 씨앗, 이기는 얽힌 쑥대밭
겸양·덕으론 살기 힘든 세상, 어쩌라고 비위통만 웃자라고 성해서

바보 못 면해서

이타는 바닥 드러낸 샘물, 이기는 흙탕물 토해내는 분수
양보는 바보 취급, 경쟁은 잘난 놈들 몫
이타 · 양보 벗하다간 물 한 모금 못 얻어먹는 바보 못 면해서

큰소리여

상생 · 공생, 깐거 거지된지 이미 오래여
지금이 어느 세상이라고 거랑이 타령이여
너 죽고 나 살자가 배부른 놈들의 큰소리여

분수 밖 아니던가

노라면 뭘 하고 빨가면 뭘 하나
수상한 세상에 단풍타령이 웬 말이냐
눈감고 살기도 힘겨운 세상, 볼것 다 보고 산다는게 분수밖 아니던가

문화적 복수지

시가 무슨 복수냐고 풍시조 앞에 하고 설레설레 고개 흔들던데
피 묻힌 총·칼 아닌 잉크 묻은 펜의 복수거든
점잖고 고상하게 말하면 악에 감행한 문화적 복수지

총·칼이 되었으니

복수만 일삼자니 악인 신세 못 면하고
악인 면하자니 선이 부끄럽고
어쩐다, 골라잡은 펜 한 자루가 총·칼이 되었으니

쌍불 켜고 있으니

상생·공생, 더불어 산다는 것이 그 아니 삶다운 삶인가
불가의 자타불이도 이를 말해주는 공존이 아니었던가
헌데 세상은 말씀관 달리 각자도생에 혈안, 쌍불 켜고 있으니

※ 자타불이(自他不二) : 불가에서 말하는 너와 내가 따로가 아닌 하나라는 뜻으로 쓰이는 말.

※ 각자도생(各自圖生) : 사람은 누구나 제각기 살아나갈 방도를 꾀한다는 뜻.

탓인가

영국속담, 비싸게 파는 것은 죄가 아니나 저울을 속임은 죄다
검찰 잣대눈금, 척도눈금, 재는 눈금 각기 다르던데
죄 따지는 잣대 달리한 죄, 저울 탓인가 잣대탓인가 눈금탓인가

젊은이들 따라 해서야

칼은 칼로 불은 불로 맞불놓기, 삭발엔 삭발로 맞선 진보와 보수

왜 이럴까? 편 갈라도 유분수지, 따라할 걸 해야지

젊은이들이 노인들 귀감 삼아야지 노인들이 젊은이들 따라 해서야

소통이 곧 대통인 것을

외국나들이 땐 영·불·중국어까지 잘 구사하다가도
돌아오면 함구에 침묵이라고들 하데
함구·침묵도 좋지만 소통이 곧 대통인 것을

여의도 1번가

집안이 화목해야 만가지 일이 이루어진다는 옛분들 말씀
불화는 불보듯 뻔한 만만사 산통, 아이고 배랑머리야
어느 집구석이 그러느냐고? 여의도 1번가

한마디씩

걸핏하면 거리로 뛰쳐나가는 야나 붙들 줄 모르는 여

여 · 야 감탄사 불협화음 된지 이미 오래

그 모양이니 구경꾼들 "집구석 꼴 좋다"고 한마디씩

다반산데

꼭 죽여야만 살인인가? 살아도 숨 못 쉬게 하면 살인이지
계모에게 맞아죽은 불쌍하디 불쌍한 딸아이만 살인이겠나
세상엔 산 채로 생매장 해버리는 살인도 다반산데

잡소리만

여 · 야 치고받고 따지고 삿대질 하고 시끄럽기가 소음 차원
차원이 그 지경이니 말씀다운 말씀은 씨가 마르고
침묵에 어묵 · 도토리묵 · 메밀묵만도 못한 취한 안주감 잡소리만

비자금 모아야지

건설업계 · 금융계 비자금 횡행, 견물생심 내놓곤 못 채우고
몰래 감춰 모아둬야 세금 피하고 필요할 때 쓰고
거기다 딴 주머니 채우려면 비자표 특허권 비자금 모아야지

어른들 얘기

아무리 달래도 울음보 안그치자 우는대로 내버려뒀더니
그만 울라고 해야라며 또 울었다는 울보 얘기는 어린이 아닌
우는 쪽이나 울게 내버려둔 쪽이 똑같은 여의도 1번가 어른들 얘기

우리 속담처럼

요즘 매스컴 씨자가 화두던데, 반응도 풀이도 가지가지
국궁국궁만이 존경은 아니지, 氏자도 엄연한 존경어니까, 다만
더 좋은 경어도 있어서, 존경하고 뺨맞는 법 없다는 우리 속담처럼

※ 국궁국궁(鞠躬鞠躬) : 존경의 뜻을 표하며 몸을 굽힘.

한심스러워

한국정치, 정책비전보다 여론조사가 우지좌지 하던데
광순박채도 정책 못지않은 훌륭한 세론 수렴이지만
정책 아닌 지지도나 인기척도로 사용되는 요즘 세태 한심스러워

※ 광순박채(廣詢博採) : 널리 여러 사람의 의견을 물어서 중의를 채택함.

•

박진환 시인은 전남 해남 출신으로 동국대 국문학과를 거쳐 중앙대 대학원을 졸업(문학박사)했다. 1960년 동아일보 신춘문예(詩) · 1963년 自由文學(문학평론)으로 문단에 데뷔했고, 국제PEN한국본부 사무국장 및 이사, 한국문협 고문을 역임했다. 제9회 시문학상, 제3회 비평문학상, 펜문학상, 윤동주문학상 등을 수상했고, 한서대학교 교수 및 예술대학원장을 역임했으며 현재 월간『조선문학』발행인 겸 주간으로 있다. 중요 저서로는 시집에『귀로』,『사랑법』,『꽃시집』,『三行詩抄』Ⅰ~Ⅺ『諷詩調』,『박진환시전집』Ⅰ·Ⅱ·Ⅲ·Ⅳ·Ⅴ·Ⅵ·Ⅶ,『物神時代』Ⅰ·Ⅱ·Ⅲ·Ⅳ·Ⅴ,『동굴일지』Ⅰ·Ⅱ·Ⅲ·Ⅳ·Ⅴ,『2012년 8월』에서『2013년 7월』까지,『풍계집·1』에서『풍계집·25』까지 76권의 시집이 있고 평론집으로『한국현대시인론』,『현대시론』,『21C시학과 시법』등 다수와『한국시의 공간구조연구』,『21C 시학』,『시창작론』,『諷詩調詩學』외 다수의 역저가 있다.

•

조선문학시인선 374

諷詩調詩集 · 38

풍諷계戒집集 · 5

2014년 8월 20일 인쇄
2014년 8월 30일 발행

지은이 / 박진환
발행인 / 박진환
펴낸곳 / 조선문학사
등록번호 / 1-2733
주소 / 120-853 서울 서대문구 통일로 389(홍제동)
전화 / 02-730-2255
팩스 / 02-723-9373

ISBN 978-89-98115-64-7

정가 10,000원